lecturas modernas

# Naturaleza amenazada

Ana Isabel Briones

**Con R.O.**

# Campamento en Pirineos

—¿Por qué no contamos historias de miedo? —pregunta Pablo en voz baja.

Es el mes de junio, la época del año en que empieza a hacer más calor. Y, como todos los años, el colegio ha organizado el campamento de fin de curso en plena naturaleza. Esta vez, los chicos y chicas de 8.º están en Pirineos, esas montañas impresionantes en el límite entre España y Francia. Un buen lugar para escapar del calor de Madrid, que ya anuncia la llegada del verano.

Es viernes, y solo estarían allí el fin de semana, pero sería suficiente para relajarse después de los exámenes finales y para convivir con los compañeros de clase en un ambiente muy diferente.

    Están instalados en una enorme pradera, en uno de los valles más hermosos de Pirineos, dentro del límite del Parque Nacional. Pueden verse los contornos de las altas montañas, que se elevan hacia el cielo en alturas de hasta tres mil metros. De hecho, el pico más alto de Pirineos, el Aneto, asciende a 3404 metros de altura. Se encuentran relativamente cerca de la frontera con Francia. Se puede decir que es una región plurilingüe, donde prácticamente conviven tres lenguas: el español, el francés y el catalán.

    Salieron de Madrid por la mañana y llegaron hace tan solo unas horas. Durante ese tiempo, habían descargado las mochilas del autocar e instalaron entre todos las tiendas de campaña, dirigidos por Juan y Manolo, los dos monitores que viajan con ellos. En esa época del año no oscurece hasta las diez, de manera que, cuando todos se reunieron para comer unos bocadillos para la cena, aún había luz natural.

Cuando se hizo de noche, los monitores pidieron a todos que se metiesen en sus tiendas para dormir. Al día siguiente harían una excursión a pie a un lago cercano y tendrían que levantarse temprano. Pero Sara, Carmen, Felipe y Raúl esperaron a que todo estuviese tranquilo y, en medio de la oscuridad, habían ido a reunirse con Pablo en su tienda. Eso no está permitido, pero...

—¿Historias de miedo? No podrás dormir cuando te quedes solo —dice Sara casi en un susurro—. Por cierto, ¿por qué no tienes compañero si todos compartimos nuestras tiendas?

—Mañana viene al campamento un chico nuevo. Creo que vive en una aldea pequeña cerca de aquí. Se llama Cañavate —explica Pablo.

—¿El chico? —pregunta Raúl.

—¡Qué va, la aldea! Pero no estoy seguro. Vamos, ¿quién empieza? —dice Pablo.

—¡Cañavate! —exclama Carmen de repente.

—¡Shhh! —dicen todos llevándose el dedo a los labios.

—¡Si gritas de esa manera nos van a descubrir! —dice Felipe—. ¿Qué te pasa?

—Sí, ¿qué pasa? —pregunta Pablo.

—No, nada. Es que ese nombre, Cañavate, me recordó de repente...

—¿Qué? —pregunta Raúl.

—Nada, nada. No importa —responde Carmen.

—¿Cómo que no importa? ¡Parecías tan asustada que tu cara daba miedo! —dice Felipe.

—Olvídalo —dice Carmen, y se pone muy seria.

—Bueno, pues hablando de miedo, yo sé una historia de muchísimo miedo —dice Sara.

—¿De verdad? ¡Cuéntanosla! —dicen los chicos en voz baja.

—Pues, érase una vez un castillo encantado donde vivía un fantasma… —empieza Sara.

—Sí, claro, que sale por la noche con unas cadenas atadas a los pies para asustar a los nuevos inquilinos, ¿no? —se burla Felipe.

—¡Muy bien! —se ríe Sara, poniéndose la mano en la boca para no hacer demasiado ruido—. ¿Ya te la había contado antes?

—¡Qué graciosos! —dicen al mismo tiempo Pablo y Raúl.

Son ya casi las doce de la noche y el cielo está lleno de estrellas. El viento sopla fuera suavemente. Aún no hace frío y en el aire hay un olor agradable, una mezcla de hierbas aromáticas, flores, pastos húmedos y excrementos de vaca. Lejos han quedado las calles de Madrid, la ciudad donde viven, con el ruido del tráfico, la contaminación y todas esas cosas de una gran ciudad.

El campamento está formado por casi veinte tiendas de campaña, todas iguales, ocupadas por dos chicos o chicas cada una, y la tienda de Juan y Manolo, los dos monitores, más amplia que las de los demás. Es ahí donde se guarda el material extra que podrían necesitar durante esos días. Y es donde anoche fue instalada una pequeña oficina con una mesa, un ordenador portátil y un teléfono móvil para comunicarse con el colegio o con los padres, si fuese necesario.

**5**

Casi todas las tiendas están ya en silencio y a oscuras. Las normas no permiten hacer ruido ni encender luces después de las once de la noche. Solo se escuchan algunas voces y risas apagadas que proceden de alguna de las tiendas más lejanas. La tienda de Juan y Manolo es la única que tiene luz en su interior. Seguramente están conversando y preparando la jornada del día siguiente.

Reina, en fin, la paz más absoluta, a no ser por el croar constante de las ranas y por el sonido ocasional de algunas aves nocturnas como la lechuza, una de las rapaces más hermosas y también más amenazadas del lugar. Se escucha su ulular y es verdaderamente sobrecogedor. Muchas historias de fantasmas y espíritus se contaban tradicionalmente motivadas por el particular sonido que emite esa ave.

Los chicos han colocado una linterna encendida del techo de la tienda, pero la cubren con un calcetín para que la luz no se vea desde el exterior.

—Pues yo tengo una historia de miedo muy real. Me pasó a mí hace dos veranos, a mí y a mi hermano —dice Carmen—. Ocurrió cerca de aquí, en los alrededores de Cañavate. Mis padres habían alquilado una casa en una pequeña aldea para pasar unos días de vacaciones. Aún hoy se me ponen los pelos de punta al recordarlo.

# Hace dos años

"Estábamos jugando en los alrededores de la casa. Mi hermano y yo quisimos ir al río, donde nos habíamos bañado el día anterior con mi padre. No dijimos a nadie adónde íbamos, ni recordábamos bien cómo llegar. Pero, conforme caminábamos, reconocíamos los lugares por donde habíamos pasado el día anterior, y por fin encontramos el camino".

"El paisaje era maravilloso. Supongo que muy parecido a este. Había infinidad de helechos, las piedras estaban totalmente cubiertas de musgo y encontramos muchos caracoles, babosas y todo tipo de insectos moviéndose lentamente por las hojas de una vegetación muy variada. Las mariposas llenaban el aire de multitud de colores, unas eran diminutas y otras del tamaño de la palma de la mano. Los árboles, que eran sauces, alisos y arces, principalmente, filtraban la luz de la tarde y teñían el ambiente de un color verde esmeralda brillante. Incluso vimos la famosa *edelweiss*, esa flor hermosa y rara presente en el paisaje de los Pirineos".

—Bueno, no te enrolles tanto. ¡Al grano! —dice Pablo.

—¿Por qué no te callas? Deja que lo cuente a su manera —dice Sara.

"Por fin, llegamos a la orilla del río y empezamos a caminar por la margen derecha, hasta llegar al mismo lugar donde nos habíamos bañado el día anterior".

"Era un río precioso, llamado Noguera Pallaresa, que a la altura de Cañavate transcurre entre rocas rodeadas de un frondoso bosque de ribera. Las libélulas sobrevolaban el agua y se posaban unos segundos, como acariciando el río. Y se podía escuchar el canto de los pájaros, como el mirlo o el ruiseñor. Poco después, sin embargo, nos esperaba una desagradable sorpresa".

"Primero vimos un par de peces muertos en la orilla, pero conforme avanzábamos, había más y más. Y, de repente, notamos un olor extraño que, pocos minutos después, se hizo completamente pestilente. Nos preguntamos qué podría haber ocurrido en tan solo unas horas, desde el día anterior en que nos habíamos estado bañando en esas aguas limpias y cristalinas".

—Probablemente el agua estaba contaminada —dice Raúl.

—¿No sería el terrible y gigantesco monstruo del lago Ness, que vino de la lejana Irlanda para darse un banquete de peces españoles y no pudo con todos? —dice Felipe.

—¡Uhhh!, iuhhh! Soy el monstruo del lago... —dice Pablo con los brazos en alto, agitando en el aire las palmas de las manos, y todos se ríen.

—¡Shhh, nos van a oír! —dice Sara.

—Dejad de decir tonterías. Sigue, Carmen, sigue por favor —dice Raúl.

"Continuamos caminando río arriba, ya sin ganas de meternos en el agua para darnos un baño, y poco después empezamos a oír unos ruidos extraños, como un choque metálico de botellas de gas, o algo parecido. Ya estaba atardeciendo, era hora de volver a casa, pero quisimos saber qué pasaba".

"De repente, vimos dos coches todoterreno aparcados en la orilla del río. Era muy extraño que hubiese coches en esa parte del bosque porque era casi inaccesible. Había dos hombres que descargaban de los vehículos unos bidones grandes de color rojo, los llevaban hasta la orilla, los abrían y vertían el contenido en el agua. Al principio nos quedamos simplemente observando, sorprendidos. Si no nos descubrieron en ese momento no fue porque nos estuviésemos escondiendo a propósito, sino porque la densa vegetación nos ocultaba en parte. Pudimos comprobar que había un montón de bidones en el suelo, unos cincuenta en total, ya vacíos, y parecía que aún tenían mucha carga para sacar del coche. Y a juzgar por la urgencia con que actuaban, se podía pensar que querían terminar cuanto antes y salir de allí enseguida".

"Mi hermano y yo continuamos observando, sorprendidos y perplejos, preguntándonos, sin hablar, qué estaba ocurriendo allí. Todo parecía bastante clandestino".

"El olor era ya completamente insoportable desde donde nos encontrábamos. Nos miramos e hicimos a la vez un gesto de desagrado. Mi hermano se tapó la nariz con los dedos y yo contuve la respiración durante unos segundos. Cuando todos los bidones, casi un centenar, estaban ya vacíos, volvieron a cargarlos rápidamente en los coches, encendieron los motores y vimos cómo se dirigían al estrecho camino por el que habían llegado".

"Desde el primer momento, había algo en esos hombres que me inquietó. Obviamente, lo que estaban haciendo no era normal en absoluto, pero seguramente contribuyó a esa sensación el hecho de que no consiguiese ver sus rostros. Más tarde, ya de vuelta en casa y algo recuperada de la sorpresa y la intuición del peligro, me di cuenta de que ambos llevaban la cara cubierta con una mascarilla".

"Antes de perderlos de vista, cuando empezaban a adentrarse en el bosque, me quedé mirando la matrícula del segundo vehículo. Siempre me fijo en los números de las matrículas de los coches, no sé por qué. Pero lo más curioso es que aún me acuerdo de la serie de números de aquella matrícula: 1991. Bueno, no es extraño, teniendo en cuenta que es capicúa".

"Cuando nos quedamos solos, mi hermano y yo nos miramos perplejos. Teníamos una fuerte sensación de náuseas. Era ya casi de noche, pero aún pudimos ver cómo el agua del río se cubría poco a poco por una espesa película de grasa que se iba deslizando con la corriente hacia abajo".

"Volvimos a casa casi corriendo. Por el camino escuchamos muy cerca el sonido del búho y, un poco más lejos, el ulular de la lechuza. Aunque conseguí identificarlos gracias a las numerosas lecciones ornitológicas de mi padre, gran aficionado a las aves, cualquier sonido nos asustaba. El hecho de haber presenciado lo que suponíamos un acto clandestino, y seguramente ilegal, y la oscuridad, que nos cayó encima de repente, nos habían alterado enormemente y hacían que todo a nuestro alrededor pareciese extraño y sospechoso".

"Cuando llegamos a casa era ya noche cerrada. Nuestros padres estaban muy preocupados. Les contamos de dónde veníamos y lo que había sucedido. Y entre todos dedujimos que se trataba de un vertido ilegal que probablemente procedía de alguna industria contaminante de los alrededores".

"La cosa, de momento, quedó ahí. Mi padre nos prometió que intentaría investigar sobre el tema. De manera que nos fuimos a dormir. Faltaban solo dos días para volver a casa, a Madrid, y al día siguiente mis padres habían programado una visita a Cañavate, donde al parecer había un museo interesante sobre costumbres antiguas de la región: cómo hacían el queso con leche de oveja y de vaca, cómo trabajaban la lana y todo eso. A mí ese tipo de cosas antiguas no me interesa mucho, pero mi madre siempre dice que conocer el pasado es muy importante".

"Cuando ya estaba acostada, y la casa quedó en silencio y a oscuras, pude escuchar de nuevo los sonidos del búho y de la lechuza. Pero ahora, al oírlos desde la cama, me gustaron. Ahí me sentía segura, y el aroma y sonidos de la noche me ayudaron a relajarme. Antes de dormir, me pregunté cómo se las arreglarían las aves nocturnas para vivir por la noche. Pensé que debían de tener muy desarrollado el sentido del oído y que, mientras nosotros dormimos, otros seres vivos están bien despiertos. La vida no se para con la llegada de la noche".

# Ahí no acaba la cosa

—Bueno, y ¿qué más? ¿Ahí acaba la cosa? ¿Esa es la historia de tanto miedo? Tú también te asustas por nada, ¿eh? —dice Felipe.

—No, ahí no acaba la cosa —dice Carmen.

"Al día siguiente hicimos ese viaje a Cañavate y visitamos el museo. Se trataba de una recopilación de utensilios domésticos y de trabajo antiguos, y unos paneles donde se explicaba la vida de la gente de las montañas en tiempos pasados. También me pareció curioso, por ejemplo, cómo los pastores conducían durante los meses de invierno los rebaños de vacas y de ovejas hacia el sur. Cuando llega el frío y la nieve lo cubre todo, no hay pastos disponibles que sirvan de alimento".

—O sea, una especie de viaje turístico del ganado huyendo del invierno —dice Felipe.

—Pues sí, un viaje que se llama *trashumancia* y que se realiza desde hace mil años —responde Carmen—. Pero lo que más me gustó fue la degustación de queso de leche de oveja tradicional. ¡Estaba buenísimo!

—Ese es el tipo de museo al que a mí me gusta ir —dice Sara—. Cuando fuimos con el colegio a visitar el Museo del Prado solo nos mostraron pinturas. La próxima vez que los profesores quieran llevarnos a un museo, les diremos que nos lleven al Museo del Jamón, ¿vale?

—Vale, Sara, muy graciosa. Pero ya basta, ¿eh? —dice Pablo—. Continúa, Carmen, por favor.

"Después fuimos a comer algo al bar del pueblo. Mi padre saludó, se presentó y aprovechó para preguntar al dueño cosas de los alrededores: si el agua del río era apta para el baño, si había por allí cerca alguna industria que pudiese estar contaminando el río, y esas cosas. El señor pareció algo extrañado por las preguntas, pero nos dijo que todo estaba en orden. También nos contó que había una industria cercana, una pequeña fábrica de papel, pero le parecía que no creaba problemas. Dijo que recientemente habían pasado por allí unos inspectores de Medio Ambiente y no encontraron en las salidas de los desagües de la fábrica ninguna sustancia tóxica ni contaminante. De forma que parecía que todo estaba bien. Mi padre nos tranquilizó diciendo que no había motivo para preocuparse, que seguramente habíamos exagerado. Y que tendríamos que empezar a pensar ya en que las vacaciones acababan y volveríamos a la vida dura de estudiantes. Tendríamos que concentrarnos en el colegio, los deberes, las clases de Informática y de Inglés, y todo el rollo ese".

"Llegamos a casa como a las siete u ocho de la tarde y salimos del coche. El aire estaba fresco y olía fenomenal. Empezaban a escucharse las ranas, igual que se escuchan ahora, y también los cencerros de las vacas. Aún era temprano para la lechuza. Mi hermano y yo le dijimos a mi madre que íbamos a dar una vuelta antes de cenar y que volveríamos sobre las nueve".

"Salimos y, sin necesidad de decirnos nada, nos dirigimos hacia el río. Pero antes cogí la cámara de fotos de mi padre, la metí

**16**

en la mochila que lleva siempre mi madre cuando vamos de excursión, y me la colgué a la espalda. Caminábamos rápido y llegamos a la orilla enseguida: ya conocíamos bien el camino. Como el día anterior, empezaron a aparecer más y más peces muertos. Olía horriblemente mal".

"Llegamos al mismo lugar desde donde habíamos visto los dos coches aparcados y a aquellos hombres echando los vertidos en el río. El silencio solo era roto por los cantos de los pájaros y el croar constante de las ranas".

—Vamos, Carmen, cuenta de una vez qué pasó. ¡Me estás poniendo nervioso! —dice Felipe.

"De repente, oímos el ruido de unos motores y... ahí estaban de nuevo. Bajaron del coche —parecían los mismos hombres de la noche anterior. Y empezó otra vez todo el proceso: multitud de bidones rojos fueron sacados de los vehículos, vaciados en el río y colocados de nuevo en los coches. Enseguida saqué de la mochila la cámara e hice varias fotos".

"Cuando ya tenían todos los bidones guardados en los coches, y suponíamos que se iban, aquellos dos hombres hicieron algo muy extraño. Empezaron a subir a un árbol alto que se encontraba justo al lado de los coches. Ascendían lentamente, pero con gran firmeza. Me di cuenta después de que habían colocado en las botas una especie de pinchos que les facilitaban la subida por el tronco. No entendíamos cuál era el objetivo, qué se proponían subiendo al árbol, y nos cambiamos de lugar para ver un poco mejor. No sé cuánto tiempo permanecieron arriba, pero a mí me pareció bastante".

"Como yo quería hacer más fotos, nos acercamos mucho a la base del árbol. Hice varias mientras estaban bajando, y pudimos ver que llevaban una cesta colgada a la espalda, que se ajustaba alrededor del cuerpo con un cinturón. Pero nos encontrábamos tan próximos al árbol que, cuando los dos hombres estaban ya relativamente cerca del suelo, uno de ellos pisó en una rama que se quebró, y le cayó a mi hermano en la cabeza. Tal fue el grito que dio del susto, que nos descubrieron".

—¡Qué horror! ¡No me digas! —se lamenta Raúl.
—¿Y qué pasó? —pregunta Pablo.

"Al principio nos quedamos paralizados, pero enseguida empezamos a correr por el camino, en dirección a casa. Al momento nos dimos cuenta de que nos estaban siguiendo. Corríamos tan rápido como podíamos, intentando no separarnos y, desde luego, no caer al suelo. Podíamos oír sus voces a nuestras espaldas gritando, muy cerca, pero no recuerdo qué decían. Estábamos muertos de miedo. Nosotros corríamos más rápido que ellos y conseguimos sacarles ventaja. De repente, sentí un dolor muy intenso en el tobillo, me torcí el pie y caí al suelo. Mi hermano se detuvo y me ayudó a levantarme, pero yo casi no podía andar, y mucho menos correr".

"Los hombres estaban ya muy cerca de nosotros, podíamos incluso oír sus pasos. La oscuridad y la abundancia de vegetación que rodeaba el camino reducían mucho la visibilidad. Apoyada en mi hermano, rodeando su cuello con el brazo, avanzamos lo suficiente para salir del camino y adentrarnos en el bosque. Poco a poco dejamos de oír sus voces y sus pasos, conforme avanzábamos lentamente hacia el corazón del bosque. Era tal el miedo que sentíamos, que no nos dimos cuenta de que se había hecho completamente de noche. Y lo peor de todo, que estábamos totalmente desorientados y... perdidos".

—¡No lo puedo creer! ¿De verdad? —dice Pablo.

—¿Y qué pasó entonces? —pregunta Sara con preocupación y los ojos abiertos como platos.

"Enseguida nos dimos cuenta de que tendríamos que pasar la noche en medio del bosque. No valía la pena caminar a oscuras y sin saber hacia dónde. Además, mi pie estaba muy hinchado y no podía casi moverme. Nos sentamos a descansar y recuperar el aliento. En un lecho de hojas, y resguardados por los árboles, nos dispusimos a pasar la noche lo mejor posible. Estábamos cansadísimos y sedientos. Me tumbé y me coloqué la mochila debajo de la cabeza como si fuese una almohada".

—Sí, como hace Pablo, mirad —dice Felipe.

"La cámara de fotos que estaba dentro era demasiado dura, así que abrí la mochila para sacarla. Entonces vi que había dentro una botella de agua, un paquete de galletas y una manzana. ¡Una suerte que mi madre sea tan prevenida! Siempre lleva todo lo imprescindible en la mochila, y esta vez no le había dado tiempo a sacarlo cuando llegamos a casa de Cañavate. La botella era pequeña, pero tuvimos agua suficiente para matar la sed. Comimos un par de galletas cada uno y compartimos la manzana".

—Bueno, no estuvo tan mal la cena, ¿no? —dice Felipe.

—¡Qué gracioso! —responde Sara.

—Oye, hablando de cena... Con toda esta historia tengo hambre otra vez —dice Raúl.

—¡Shhh! ¡Calla, Raúl, por favor! Siempre estás pensando en comer —dice Sara.

—Tranquila... era una broma. Pero vamos a ver, Carmen. ¿Todo esto es verdad o estás inventando este cuento para asustarnos? —pregunta Raúl.

—Claro que es verdad, puedes estar seguro —responde Carmen.

—Vamos, sigue contando, por favor —dice Pablo.

"Los sonidos de la noche eran en ocasiones estremecedores. Se oían a lo lejos los ladridos de los zorros. Pero nos dormimos rápidamente. Despertamos cuando estaba ya amaneciendo, algo entumecidos por la humedad de la mañana. Mi pie estaba muy mal".

"Intentamos orientarnos con el Sol para encontrar el camino, pero era muy difícil. Al fin y al cabo, somos chicos de ciudad, nada acostumbrados a orientarnos gracias a los elementos naturales".

"De repente, empezamos a escuchar voces lejanas, que se acercaban poco a poco. Nos abrazamos muertos de miedo, pero enseguida oímos que alguien gritaba nuestros nombres. Entonces respondimos: '¡Estamos aquí, estamos aquí!'".

"Pocos minutos después, aparecieron entre la vegetación dos jóvenes vestidos con un uniforme verde. Eran guardas del Parque Nacional".

"Nos dieron comida y agua. Y nos explicaron que habían recibido una llamada de emergencia para buscarnos. Nuestros padres habían ido por la noche a la policía local a avisar de nuestra desaparición".

—Bueno, pero al final, ¿qué hacían esos hombres en la cima del árbol? —pregunta Sara.

—Nosotros no teníamos ni idea. Pero los guardas sí.

# EXPOLIADORES DE NIDOS

"Nuestros rescatadores, que se llamaban Paco y Marisa, nos llevaron a un refugio muy próximo. Mientras nos reponíamos del hambre, la sed, el susto y el cansancio, los guardas del Parque nos explicaron lo que había ocurrido: aquellos dos hombres 'expoliaban nidos de lechuza', o sea, una actividad ilegal que consiste en robar del nido los huevos de las lechuzas, aves muy amenazadas y casi en peligro de extinción que hacen sus nidos en los troncos de los pinos, los abetos o en los agujeros de nidos antiguos de pájaros carpinteros. Parece que quedan pocos ejemplares de estas lechuzas y los Pirineos son el único lugar donde

esa especie existe en España. En Europa es un ave más común pero en América, por ejemplo, no existe".

—¿Y los vertidos del río? —pregunta Pablo.

"Paco nos explicó que procedían de la fábrica papelera, que echaba sus residuos tóxicos sin tratar. El dueño era de Cañavate. Estaba siendo vigilado y ya había sido obligado a introducir algunos cambios en la producción para no contaminar el entorno natural. Pero esa inversión es cara y un día el propietario de la empresa se dio cuenta de que era más rentable vender huevos de lechuza".

—Pero ¿quién compra los huevos expoliados? —pregunta Sara.

—Coleccionistas que pagan alrededor de mil euros por cada huevo —responde Carmen.

—¿En serio? ¡Es muchísimo dinero! —exclaman Pablo y Raúl.

"Sí, desde luego. Se trata de una actividad clandestina muy frecuente en Sudamérica. En Brasil, por ejemplo, el tráfico ilegal de especies mueve millones de dólares. Se trafica sobre todo con loros, pero también con serpientes y otros animales. Los venden en Europa como animales de compañía o para zoológicos.

En las aduanas de los aeropuertos, cuando los inspectores abren los embalajes de mercancías para comprobar su contenido, muchas veces encuentran jaulas con animales de todo tipo para ser vendidos en el mercado ilegal. Y muchas de las especies están protegidas. Lo peor de todo es que la mayoría de esos animales muere antes de llegar a su destino. Algunos de nosotros tenemos pájaros en jaulas u otros animales silvestres en casa como mascotas sin darnos cuenta de todo esto. Si no hubiera compradores para este tipo de animales, el tráfico no se sostendría. Es necesario hacer campañas para que la gente tenga conciencia ecológica".

"Mi hermano y yo aprendimos mucho ese día con los guardas. Y por la tarde fuimos con ellos a Cañavate, donde nos esperaban nuestros padres. Al verlos, corrimos hacia ellos para abrazarlos. Al principio se mostraron bastante enfadados con nosotros, pero se les pasó enseguida al ver que estábamos bien. De manera que nos fuimos todos a casa. Al día siguiente, fuimos a presentar una denuncia en el cuartel de la policía, pero al llegar allí y contar lo sucedido, no nos hicieron caso. Los policías interpretaron que simplemente nos habíamos perdido en el bosque y habíamos inventado una historia para no llevarnos una buena bronca. Uno de los policías nos dijo que, en cualquier caso, sin pruebas no se podía hacer nada".

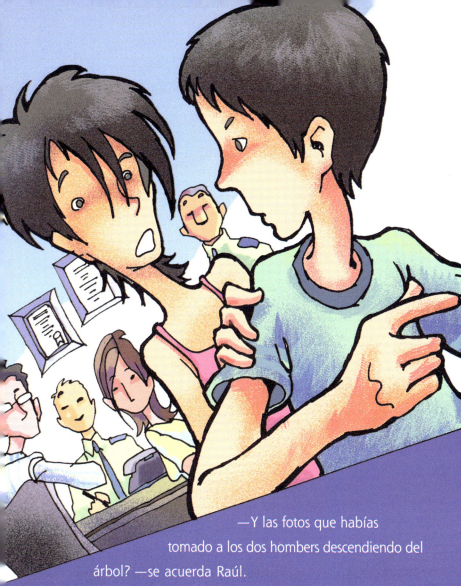

—Y las fotos que habías tomado a los dos hombers descendiendo del árbol? —se acuerda Raúl.

—¡Un momento, Raúl, no seas impaciente!

"El policía nos contó que, puesto que los infractores no habían sido descubiertos *in fraganti*, no había nada que hacer a no ser que tuviéramos material gráfico, como fotografías, por ejemplo... Mi hermano y yo nos miramos y, sin despedirnos de nadie, salimos a toda prisa de la oficina en que nos encontrábamos".

"Nuestros padres nos siguieron sorprendidos. Corrimos hacia el coche mientras yo les explicaba que teníamos ese material gráfico que era necesario para inculpar a los ladrones de nidos. Solo teníamos que revelar los negativos. Rápidamente, fuimos a casa a buscar la cámara que estaba aún dentro de la mochila y, en poco más de media hora, estábamos en la única tienda que había en Cañavate donde, casi por milagro, tenían también un servicio de revelado rápido. La verdad es que no era tan extraño por tratarse de un lugar turístico. En una hora estarían listas las fotos. Fue la hora más larga de mi vida...".

"Cuando por fin abrimos el paquete que contenía las fotografías, nos dimos cuenta de que estaban muy oscuras. ¡Demasiado oscuras! No se veía casi nada, tan solo unas formas difusas en medio de sombras que podían ser casi cualquier cosa".

—¡Qué pena! —exclama Felipe—. Así que el material gráfico no servía.

"No, no valía para identificar a nadie. Al día siguiente, como estaba planeado, regresamos a Madrid. Las vacaciones habían llegado a su fin y, en pocas horas, ya estábamos en casa de vuelta a la rutina. Pero ahí no quedó la cosa".

—¿Ah, no? ¿Y qué pasó después? —pregunta Raúl.

—Empezamos a recibir en casa llamadas anónimas —responde Carmen.

—¿Llamadas anónimas? —pregunta Felipe.

—Sí, no sabíamos quién era, pero suponíamos que eran ellos, los expoliadores de nidos de Cañavate. Y si era así, tampoco sabíamos cómo habían localizado nuestro número de teléfono. Es verdad que mi padre se identificó en el bar cuando saludó al dueño, pero no sé... —dice Carmen con voz temblorosa.

—¿Y todavía continúan llamando? —pregunta Pablo.

—Últimamente no. Hace unos meses que dejaron de llamar —responde Carmen.

—¿Y qué decían cuando llamaban? —pregunta Sara.

—¡¿Quién está ahí?! —se oye de repente una voz fuera de la tienda.

—¡Ayyy! —gritan todos a la vez. Y por la puerta de la tienda asoma la cabeza de Manolo.

—Pero ¿qué es esto? ¿Una reunión nocturna? Sabéis que a partir de las once de la noche todo el mundo tiene que estar en su tienda, y con la luz apagada.

—¡Qué susto, Manolo! —dice Pablo.

—Vamos, deprisa, cada uno a su tienda. ¡Y que sea la última vez! —dice Manolo.

Carmen y Sara salen y se dirigen a su tienda. Raúl y Felipe caminan hacia la suya acompañados por Manolo. De repente, se oye desde dentro de la tienda a Pablo:

—Mañana quiero a todos muy guapos. Me voy a llevar mi cámara de video para hacer un documental de la excursión, ¿vale?

—¡Vale! —dicen todos.

—Yo no sé si voy a conseguir dormir después de escuchar esa historia de miedo —dice Felipe.

—¿Qué historia de miedo? —pregunta Manolo.

—No, nada —dice Felipe.

—Bueno, ahora todos a dormir. Es muy tarde. Hasta mañana —se despide Manolo.

—Hasta mañana —responden los chicos.

# DE EXCURSIÓN AL LAGO

—Hola a todos. Buenos días. Antes de iniciar la marcha hacia el lago, quiero que conozcáis a nuestro nuevo compañero. Se llama Javier y vive en Cañavate, una pequeña aldea cerca de aquí. Allí hay una escuela con muy pocos estudiantes. Él es el único alumno de 8.º curso, por eso lo invitamos a nuestro campamento —dice Manolo.

—Hola, ¿qué tal? —le pregunta uno de los chicos.

—Muy bien, gracias —responde el muchacho.

—Bienvenido al campamento —le dice una de las chicas.

—Hola, Javi. ¿Cómo estás? Yo soy Pablo —le dice mirando a través del objetivo de la cámara de vídeo—. Por favor, una sonrisa... así, muy bien. Gracias.

—Mucho gusto —responde Javier sonriendo y saludando con la mano hacia la cámara.

—¡Vamos, chicos, en marcha! —anuncian los monitores.

Durante la caminata, todos se interesan por el chico nuevo y le hacen un montón de preguntas sobre su vida en un pueblo de las montañas, tan diferente a la vida en una gran ciudad como Madrid.

—Oye, ¡qué suerte vivir en un lugar tan bonito! —le dice uno de los chicos.

—Sí, es verdad, es muy bonito. Pero vivir aquí tiene inconvenientes. Por ejemplo, no hay mucho que hacer para divertirse. Además, somos pocos y estamos bastante aislados, de manera que casi no hay ocasiones para relacionarnos con otras personas de nuestra edad —responde Javier.

—Bueno, pero la ventaja es que se puede tener una vida más saludable —dice una de las muchachas.

—Sí, pero aquí no hay progreso, y eso no es una ventaja. Por ejemplo, no hay una buena carretera para llegar a la ciudad. El año que viene tengo que ir al instituto, y tardaré una hora y media en llegar, y lo mismo para volver a casa.

—Tienes razón. Yo vivo en el centro de Madrid, voy caminando al colegio. El problema es que se trata de una zona muy ruidosa y con bastante contaminación —dice Sara.

—Yo vivo fuera de la ciudad, en un barrio más tranquilo. Pero voy al colegio en autocar y el tráfico es horrible —explica Raúl.

—Oye, y... ¡no puedes llamar por teléfono para pedir una *pizza*! —dice Felipe.

—¡Ah! Eso sí que es una ventaja —dice Manolo—. Además, aquí hacen un cocido típico de la montaña, con garbanzos, carne y verduras... ¡Hmmm!, ¡para chuparse los dedos! Y hay un queso casero, de leche de oveja, que es una maravilla. No creo que necesiten comer *pizzas*.

—¡Ya basta de hablar de comida, por favor! ¡Me muero de hambre! —exclama Raúl.

—Profe, ¿está lejos el lago? —pregunta Felipe.

—No, está muy cerca, ¿verdad, Javier? —dice Juan.

—Sí, está cerca. Faltan solo unos siete kilómetros por este camino —responde Javier.

—¡Siete kilómetros! ¿Solo? ¿Y eso te parece cerca? —pregunta Raúl.

—Mira allí delante. ¿Ves aquella montaña al fondo, con forma de pirámide? —pregunta Javier.

—¿Dónde? ¿Allí enfrente? —dice Raúl.

—Sí, esa montaña que se ve por encima de aquellos árboles, un poco a la derecha —explica Javier.

—Sí, ya la veo —responde Raúl.

—Pues el lago está al pie de esa montaña —dice Javier.

—¡Pero está lejísimos! —exclama Felipe.

—No, no creas. Podemos estar allí dentro de unas dos horas —afirma Javier.

—¡Dos horas todavía! ¡Pero si ya estoy agotado de tanto caminar! —se queja Felipe.

En ese momento, ven que se dirige hacia ellos un pastor, al que siguen lentamente ocho o diez vacas cuyos cencerros van sonando al compás de la marcha. Cuando se cruzan en su camino,

observan que las vacas llevan también unas chapas de identificación colgando de las orejas.

—¡Mirad, chicos! ¿Quién decía que aquí no llegó el progreso y la modernidad? ¡Pero si incluso las vacas tienen *piercing*! —dice Sara. Y todos se ríen.

Pablo saca entonces de la mochila su cámara de vídeo y empieza a grabar la escena.

—Hola, buenos días —dice Juan dirigiéndose al pastor.

—Buenos días —responde el pastor.

—¿Es usted de por aquí? —pregunta Juan.

—Sí, vivo en Cañavate —contesta el pastor.

—¿Y adónde lleva usted las vacas? —pregunta Juan de nuevo.

—Al establo, para ordeñar —dice el pastor.

—Y la leche, ¿la consumen aquí? —pregunta Manolo.

—Sí, sobre todo para hacer queso —responde el pastor.

—¡Ah, ya! Ese queso tan bueno que hacen ustedes en esta región —comenta Manolo.

—Pues sí, tiene mucha fama nuestro queso. Lo hacemos con leche de vaca y de oveja —afirma el pastor.

—Por favor, ¡ya basta de hablar de comida, no aguanto más! —dice Raúl en voz baja.

Manolo le da las gracias, se despiden y todos reinician la marcha. Poco a poco, conforme el pastor se aleja seguido por sus vacas, van dejando de oír el sonido de los cencerros.

Por fin llega al lago el grupo que va más adelantado. El agua está tan limpia que se pueden ver las piedras del fondo y algunas truchas nadando. Pero también está muy fría, de forma que nadie se decide a bañarse. Es un lago de origen glaciar. Es decir, que procede del valle que se formó al paso de un río helado hace millones de años.

Pocos minutos después llega el resto del grupo. Algunos van escuchando música con un *discman* y unos auriculares.

—Apagad esos aparatos y quitaos los auriculares de las orejas. Escuchad mejor el canto de los pájaros —dice Juan.

Una vez que están ya todos en el lago, se sientan en grupos en la hierba y sacan la comida que llevan en las mochilas. Enseguida Pablo se levanta y, con la cámara de vídeo en la mano, se acerca a uno de los grupos para grabar mientras comen.

Carmen, que está con Felipe y con Javier, aprovecha para preguntarle a este último si sabe algo del expolio de nidos de lechuza en esa región, si se escuchan rumores.

—No lo sé. No tengo ni idea —responde Javier—. Bueno, de vez en cuando se oyen comentarios, pero no estoy seguro. Es verdad que a veces aparecen por Cañavate unos tipos con unos coches carísimos, se quedan unas horas y se van enseguida. Se dice que tienen algo que ver con los dueños de la antigua fábrica de papel. Pero nadie en el pueblo puede estar seguro de nada.

—¿Cómo que "antigua" fábrica de papel? ¿Es que ya no existe? —pregunta Carmen sorprendida.

—No, el año pasado la denunciaron por contaminar el río y la cerraron —responde Javier.

—¿Y qué hace esa gente ahora? —pregunta Carmen.

—No tengo ni idea —responde Javier.

—Pero ¿siguen viviendo en Cañavate? —insiste Carmen.

—Sí, allí viven, pero no sé a qué se dedican —dice Javier.

—Puede ser que yo sí sepa a qué se dedican —dice ella.

—¿Tú? ¿Y eso por qué? ¿Los conoces? —pregunta Javier sorprendido.

En ese momento Pablo se aproxima con su cámara de vídeo y empieza a grabarlos. Carmen, Javier y Felipe saludan y hacen unas muecas a la cámara. Enseguida dirige el objetivo de la cámara hacia el cielo, para grabar el vuelo de un quebrantahuesos que pasa por encima de sus cabezas.

—¡Mirad, chicos, qué pájaro más grande! —exclama Pablo.

—Es un quebrantahuesos —dice Carmen.

—¿Un qué? —preguntan algunos.

—Un quebrantahuesos. Es un ave rapaz típica de los Pirineos. Se llama así porque solo se alimenta de huesos —responde Carmen.

—Sabes mucho sobre pájaros, Carmen —dice Juan.

—¡Qué remedio! Mi padre es ornitólogo —responde ella.

—¡Ah! Eso lo explica todo —comenta Juan—. Y tú, Pablo, ¿qué tal? ¿Ya tienes todo el material para tu documental?

—No, aún no. Grabaré la última parte esta noche en el campamento, como despedida —responde Pablo.

—Pero por la noche no podrás hacerlo. Sin luz no saldrá bien la imagen —dice Carmen.

—Pero ¿qué dices? Esta cámara puede grabar incluso de noche. Tiene infrarrojos. Es una videocámara digital, con control remoto, sonido estéreo y *night shot*, que duplica la luz en la oscuridad. El *zoom* es muy potente. Por eso tiene muy buena resolución de imagen y la calidad del color es fantástica. Después se puede hacer la conexión a un Mac o un PC para editar las cintas grabadas, o pasarlas a un CD. Y se pueden mandar las imágenes por Internet —explica Pablo.

—¡Ah, muy bien! Me has convencido —dice Carmen bastante impresionada.

Después de descansar un rato tras la comida, empiezan el camino de vuelta al campamento. Juan y Manolo aprovechan para hablar con Pablo, Raúl, Sara, Carmen y Felipe, y reñirlos por la reunión de la noche anterior.

—Vamos, no os enfadéis con nosotros. Estuvimos recordando historias de miedo, y Carmen nos contó algo que le ocurrió por aquí cerca hace dos años —dice Pablo.

—¿Qué pasó, Carmen? —pregunta Juan.

—Pues... Juan, ¿qué sabes tú del tráfico ilegal de especies de aves? ¿Oíste alguna vez que por esta zona se trafique con especies protegidas? —pregunta Carmen.

—No sé nada de eso. Pero sí sé que hace dos años una pequeña industria papelera situada cerca de aquí hacía vertidos contaminantes al río. Descubrieron todo y la obligaron a pagar una multa importante. Lo leí en la prensa. Y parece que, después de eso, la empresa cerró —dice Juan.

—Sí, Javier acaba de contar eso mismo —dice Felipe.

—Oye, ¿no os parece ya un poco exagerado ese rollo de la contaminación de los ríos? ¿Qué pasa si hay unas pocas lechuzas menos? ¡Hay muchísimos pájaros! —comenta Felipe.

—¿Qué pasa con las lechuzas? —pregunta Juan.

—Nada, una historia que contó Carmen anoche... —responde Felipe.

—Carmen, tienes que contar a todos esa historia de una vez —dice Juan. —Pero mira, Felipe, el hecho de que los ríos estén limpios, de que la naturaleza esté bien conservada, no es una simple cuestión de estética. Ni tampoco un capricho de algunas personas a quienes les gusta disfrutar del placer de estar en la naturaleza y ver pájaros, escucharlos, y todo eso. Si desaparece una especie, se pierde para siempre y se rompe el equilibrio ecológico, lo cual afecta al resto del ecosistema. Así, por ejemplo, si desaparecen las lechuzas, se producirán plagas de roedores que afectarían directamente al ser humano. Es muy importante que se mantenga la diversidad biológica —dice Juan.

—Si quieres —añade Manolo—, podemos mirar el asunto por el lado más práctico para el ser humano. Aunque sea egoísta por nuestra parte, debemos conservar la naturaleza porque de ella obtenemos el alimento, el aire puro, las medicinas... El agua, por ejemplo, es un recurso natural que, si no es utilizado racionalmente, se puede agotar o contaminar, y todos nos veríamos seriamente afectados. El agua no es valorada en su medida. Sin agua nuestro mundo se acabaría.

—Claro, por eso los científicos y las empresas aeroespaciales no hacen más que buscar agua en otros planetas —dice Sara.

—¿Eso quiere decir que, si hubiese agua en Marte, podríamos ir a vivir allá? —pregunta Felipe entre risas.

—No solo hace falta agua, también una atmósfera y... —responde Manolo.

—Pero hombre, ¡era una broma! —dice Felipe.

—Bueno, si en la Tierra seguimos amenazando la naturaleza, cualquier día tendremos un planeta tan parecido a Marte que será inhabitable. Estoy exagerando un poco. Pero eso no sería ninguna broma —dice Manolo.

—Pensad también que el agua, o mejor dicho, la falta de agua, es uno de los motivos principales de que haya hambre en el mundo —añade Juan.

—Sí, pero nosotros no podemos hacer nada para cambiar ese problema —dice Raúl.

—Muchas veces no queremos destruir la naturaleza, pero lo hacemos sin darnos cuenta. Por ejemplo, desperdiciamos agua en nuestra vida diaria, y se trata de un recurso escaso, aunque en nuestro país no tengamos de momento problemas serios de abastecimiento —explica Juan.

—Podemos dejar de consumir en exceso, no desperdiciar... —dice Carmen.

—Eso es —dice Manolo—. Los vertidos contaminantes en un río o en el mar se deben, en origen, al exceso de residuos. Y la escasez de agua muchas veces se debe a la sobreexplotación, y no solo a que llueva poco. Si somos menos consumistas, o procuramos consumir productos con envases reciclables, habrá menos residuos contaminantes. En eso consiste en gran medida ser ecológico. Y no solo en no tirar papeles al suelo cuando vamos por la calle.

La conversación hace que el viaje de vuelta parezca más corto. Pero, tras varias horas de caminata, todos se sienten cansados. Cuando llegan al campamento ya está atardeciendo. Primero se reparten en sus tiendas para descansar un rato, y más tarde se juntan todos para cenar, bien abrigados porque empieza a hacer frío. Mientras tanto, los sonidos de la noche se van haciendo presentes poco a poco.

A las once, Juan y Manolo informan a todos que es hora de acostarse. Les piden que dejen las mochilas casi preparadas para que por la mañana no tarden demasiado en meter el equipaje en el autocar. El viaje de vuelta a Madrid es largo y conviene salir temprano. Antes de despedirse de los chicos, los dos monitores les preguntan qué tal lo pasaron. Todos dicen que muy bien, aunque algunos se quejan de que la caminata al lago fue demasiado dura. La mayoría lamenta que el campamento solo dure un fin de semana, pero Manolo responde:

—Lo bueno si breve, dos veces bueno, como dice el refrán.

Cuando ya todos se dirigen a sus respectivas tiendas, Pablo, Carmen, Sara, Raúl y Felipe se reúnen un instante para quedar más tarde en la tienda de Pablo, como la noche anterior. Esta vez estará también Javier, que comparte la tienda con Pablo. Pero tendrán que tener más cuidado para no ser descubiertos de nuevo.

La luna llena, que preside el cielo desde arriba, ilumina la noche con una luz suave y blanquecina.

# Un trabajo de profesionales

Cuando Carmen y Sara salen a oscuras de su tienda para dirigirse a la de Pablo y Javier, la calma de la noche es total. Carmen saca de su bolsillo una pequeña linterna y la enciende. Con ella y la presencia de la luna llena, tienen luz suficiente para no tropezar. Caminan sin hablar, con las manos metidas en los bolsillos de sus abrigos, resguardándose del frío de la noche. No se sabe si también debido al frío, avanzan con la cabeza algo agachada y los hombros encogidos. Pero probablemente sea la tensión que les produce la salida clandestina. El caso es que, a pesar de que ninguna de las dos comenta nada al respecto, hay algo en el ambiente que las inquieta.

De repente, unas fuertes carcajadas, sonoras y profundas, rasgan el silencio y se imponen en la oscuridad. Sara lanza un grito ahogado. Con una mano se tapa la boca y con la otra agarra con tal fuerza el brazo de Carmen, que ella siente ganas de gritar también. Con el golpe, la linterna que lleva en la mano cae al suelo, y por un momento se quedan casi a oscuras.

—¿Qué te pasa, Sara? —dice Carmen asustada y en un susurro.

—¡Qué susto! ¿Quién anda ahí? —dice Sara atemorizada.

**45**

—¿Cómo que quién anda ahí? Sara, es la lechuza. No hay por qué asustarse —la tranquiliza Carmen mientras coge del suelo la linterna encendida.

—Sí, es verdad. Anoche se oía también. Pero no sé por qué, de repente... —dice Sara.

De nuevo, se oye el ulular de la lechuza como un lamento.

—De todas formas, Carmen, ese sonido es un poco aterrador, ¿no te parece? Parece un canto fúnebre. ¿No será una premonición? —exclama Sara, medio en broma, medio en serio.

—¿Una premonición de qué? ¡Qué exagerada! No digas tonterías. Vamos a darnos prisa porque hace frío —dice Carmen—. Y no me gustaría que esto fuese la premonición de un constipado. Mira, ahí está ya la tienda de los chicos.

No faltan más que unos pocos metros para llegar a la tienda de Pablo y Javier pero, sin saber por qué, Carmen también siente de repente un escalofrío que le recorre toda la espalda. Y no es solo el frío lo que le produce carne de gallina. Ella conoce muy bien el ulular de la lechuza. La verdad es que Sara tiene razón al decir que es un sonido algo inquietante, pero no es motivo para dejarse llevar por supersticiones ni por absurdas interpretaciones subjetivas. Ella pasó muchas noches al aire libre, está acostumbrada a acampar en cualquier lugar cuando viaja con sus padres y su hermano. Su padre, que además de ornitólogo es un viajero experimentado y gran amante de la naturaleza, siempre les enseña a interpretar cada señal: las huellas, los olores, los sonidos... Y por eso nunca tuvo miedo en el campo, aunque fuese de noche. A excepción, claro, de aquella ocasión en que se perdieron en el bosque su hermano y ella hacía dos años, pero de quienes tuvo miedo entonces era de sus perseguidores, nada más.

Esta noche, sin embargo, y a pesar de que no quiere reconocerlo, siente miedo también. Y no sabe por qué. Cuando llegan a la tienda de Pablo y Javier, Raúl y Felipe ya están dentro.

—Vamos, chicas. ¡Estamos esperando desde hace media hora! —se queja Pablo.

—¡Shhh! Hablad en voz baja, por favor. Pero ¿por qué llegáis tan tarde? ¡Cualquiera diría que os estabais preparando para ir a una fiesta! —dice Raúl.

—Pues no se nota nada. Porque ni siquiera os habéis cambiado los pantalones sucios de esta tarde —se burla Felipe.

—¡Qué graciosos! —dice Carmen.

—No, ¿sabes qué pasó, Felipe? Salíamos de nuestra tienda cuando vimos una serpiente de este tamaño —dice Sara abriendo mucho los brazos—. Nos dio tal susto, que permanecimos quietas un buen rato, esperando para ver hacia dónde se dirigía. Después de mucho deambular por aquí y por allá, no adivinas dónde se metió la serpiente...

—Pues... no —dice Felipe.

—¡En vuestra tienda! —dice Sara casi en un grito.

—¡Shhh! ¡Silencio! Y basta ya de bromitas que no tienen ninguna gracia —dice Raúl.

—Bueno, ¿quién tiene hoy una buena historia de miedo para contar? —pregunta Pablo.

—Carmen no acabó ayer de contar la suya —dice Sara.

—Sí, claro que acabé. No hay nada más que contar —afirma Carmen.

—Pero, al final, ¿quién hacía esas llamadas misteriosas a vuestra casa y qué decían? —pregunta Raúl.

—No sé quién era, no estamos seguros... Y prefiero cambiar de tema. Vamos a hablar de otra cosa —dice Carmen.

De repente, se oye un ruido extraño fuera. Todos quedan en silencio, intentando identificar de qué se trata. Enseguida llegan a la conclusión de que es el sonido lejano de un motor que se va acercando. Un coche, seguramente. Pero a juzgar por el bajo volumen del ruido, debe de estar avanzando muy lentamente. Cuando cesa el sonido, los chicos se quedan expectantes, a la espera de algo, sin saber muy bien qué.

Al cabo de unos segundos, deciden salir de la tienda para ver si consiguen saber algo. Pero la oscuridad de la noche, a pesar de la luna llena, no permite identificar las cosas con precisión. Entonces, todos juntos, se dirigen lentamente hacia el límite del campamento, desde donde procedía el ruido que acaban de escuchar.

Carmen se acuerda de que tiene en el bolsillo su pequeña linterna. La enciende, dirige la luz hacia adelante y, a muy poca distancia, ven un coche aparcado. Está tan cerca del campamento, que seguramente recorrió los últimos metros con el motor apagado para no hacer ruido. Lo que quiere decir que quien se encuentra en aquel lugar a esas horas de la noche sabe que ellos están acampados allí y no quiere ser descubierto. Y también debe de saber muy bien qué es lo que está buscando.

A medida que los chicos se acercan al vehículo, van oyendo el crujir de ramas y hojas secas bajo sus pasos. Pero, si se detienen un instante, pueden escuchar también el mismo sonido un poco más alejado. El sonido de otros pasos.

Mientras tanto, llegan a la altura del coche. Se acercan con cuidado y lo observan atentamente. Es un todoterreno. No hay nadie dentro. Y, de repente, escuchan a su lado un grito ahogado. Es Carmen, que está apuntando con su linterna la parte trasera del coche. Con un gesto de pavor en su rostro y la mirada fija en la matrícula, dice en un susurro: —¡1991!

Todos se quedan pasmados mirando el número capicúa. Nadie dice nada porque todos están pensando lo mismo. A excepción de Javier, que pregunta en voz baja, sin entender nada:

—¿Qué pasa? ¿Por qué os quedáis todos mirando la matrícula como si hubieseis visto un fantasma?

Los chicos le cuentan a Javier, en pocas palabras, la historia de la noche anterior. Y, en ese preciso momento, se dan cuenta de que ya no se oye el crujir de las ramas y hojas del suelo al ser pisadas que procedía de los alrededores del coche. Entonces, y casi al mismo tiempo, todos levantan la cabeza hacia las copas de los árboles más próximos, suponiendo que los pasos acabaron justo al pie de alguno de ellos.

—¡Ahí! —dice Felipe de repente en un susurro, y señalando con el dedo hacia arriba.

Todos se vuelven y, aunque la oscuridad es casi total, la luz de la luna les permite entrever, aunque con dificultad, la silueta de dos personas que suben lentamente por el tronco de un pino. No pasan ni cinco segundos cuando Carmen reacciona:

—Rápido, Pablo. Ve a buscar tu cámara de vídeo. Tenemos que grabarlo.

—No, chicos, esto es muy peligroso. Vámonos de aquí enseguida, por favor —dice Raúl en voz baja.

—Es verdad. Olvídalo, Carmen. Además, no tenemos tiempo. Antes de que vuelva Pablo con la cámara esos dos tipos ya habrán bajado del árbol —dice Sara casi sin voz.

—No, tardarán un buen rato en subir, coger los huevos y bajar. Corre, Pablo, no pierdas tiempo —susurra Carmen.

Pablo no se lo piensa dos veces y se dirige hacia el campamento. Pocos minutos después ya está de vuelta con la cámara colgada del cuello por una cinta. El problema ahora es buscar un lugar adecuado desde donde captar las imágenes.

—Y ahora, ¿qué hacemos? No hay forma de grabar si no es desde la cima de un árbol cercano —se lamenta Pablo en un murmullo.

—¡Déjalo, Pablo! No podemos hacer nada. Es muy peligroso subir a un árbol a esa altura. Y además esos tipos nos descubrirán —dice Felipe.

—Tienes razón —dice Pablo—. ¿Qué podemos hacer?

Pasan los minutos y los chicos permanecen completamente desconcertados. Ahora saben muy bien lo que podrían hacer para acabar con el expolio de nidos de lechuza en Cañavate. Están presenciando en directo un delito muy grave contra la naturaleza. Y tienen en la mano una buena cámara de vídeo, con la que podrían conseguir pruebas para denunciarlo. Y, sin embargo, se dan cuenta de que eso significaría arriesgar sus vidas. Se sienten decepcionados. Pero, en efecto, es demasiado peligroso.

—¡Dame la cámara! —dice Javier de repente, quitándosela a Pablo de las manos.

Se acerca a uno de los árboles, el que está más próximo al pino en el que se encuentran los expoliadores de nidos, se cuelga la cámara al cuello y, mientras empieza a subir abrazando el tronco con las manos y las piernas, pregunta a Pablo:

—¿Cómo funciona esto?

—¿Estás loco? Baja de ahí ahora mismo —le susurra Sara.

—Solo tienes que encuadrar y apretar el botón rojo. El resto está en posición automática —le dice Pablo en voz baja.

—¡Dios mío! ¡Nos van a oír! —exclama Carmen tapándose la boca con la mano.

En pocos segundos Javier consigue ascender la altura suficiente como para desaparecer casi de la vista de los chicos.

De repente, todo queda en el más absoluto silencio. No oyen más que el sonido de su propia respiración agitada por el miedo. Durante los minutos siguientes, una calma tensa domina la escena. Nadie habla, nadie se mueve. Y es precisamente ese momento el que elige la lechuza para hacer acto de presencia y emitir su peculiar canto. Ahora sí que parece una premonición. Carmen y Sara se miran asustadas. Inmóviles, todos escuchan esa especie de carcajada profunda, el ulular de la lechuza dominando la noche de luna llena.

53

Al cabo de unos diez minutos, cuando ya el silencio se ha impuesto de nuevo, de repente oyen algo. Enseguida reconocen el sonido de las botas y la ropa de alguien arrastrándose en la bajada por el tronco del árbol que están vigilando. Con gran sigilo, los chicos se retiran del lugar en que se encuentran y se esconden tras un matorral cercano. Consiguen ver cómo llega al suelo uno de los tipos, que tiene colgada de la espalda una pequeña cesta, y enseguida el otro. Ven cómo se dirigen al coche y, una vez dentro, se entretienen unos minutos antes de arrancar. Justo cuando el vehículo empieza a moverse, llega Javier y se reúne con ellos, sin que los tipos se den cuenta. Al ver a Javier, y sin decir una palabra, Carmen le quita rápidamente la cámara que trae en la mano. Se dirige hacia la parte trasera del coche, que ya está haciendo maniobras para irse de allí, y durante unos segundos graba la matrícula. Al momento, el coche empieza a alejarse por el camino y se pierde de vista lentamente.

Conmocionados todos por los acontecimientos que acaban de vivir, se dirigen al campamento como quien busca un refugio. Antes de meterse cada uno en su tienda, acuerdan no contar nada al día siguiente, ni a los monitores ni al resto de los compañeros. Al menos, no hasta comprobar si tienen lo que buscaban.

—Si las imágenes tienen luz suficiente, no habrá problema para usarlas como prueba del delito. No llevaban máscara, y gracias al *zoom* podía ver tan cerca sus rostros, incluso los huevos de lechuza cuando los tenían en sus manos, que me daba la impresión de que podría tocarlos con solo estirar el brazo —dice Javier.

Como todos están muy cansados, deciden continuar la conversación al día siguiente y se despiden sin más:

**54**

—Hasta mañana, chicos —dice Sara mientras camina junto a Carmen en dirección a su tienda.

—Hasta mañana —responden ellos.

Por la mañana, después de meter todo el equipaje en el autocar, y tras un rápido desayuno, empieza el viaje de vuelta a Madrid. Antes de su partida, se despiden con tristeza de Javier. Hacía solo veinticuatro horas que se conocían, pero veinticuatro horas que llegaron a ser muy intensas.

—Escribidme en cuanto lleguéis —les dice cuando el autocar ya está arrancando.

—No te preocupes. Te mandaremos noticias enseguida —le dice Pablo por la ventana.

Durante el viaje, Raúl y Felipe se sientan juntos y pasan buena parte del tiempo durmiendo. Sara, Carmen y Pablo buscan los asientos del fondo para poder hablar tranquilamente. Discuten si deben contar o no a los monitores lo que ocurrió anoche. Es entonces cuando deciden que, aparte de denunciar a los culpables del expolio de nidos ante las autoridades competentes, deben enviar la información a los medios de comunicación. Si la grabación sale bien, podrían incluso mandar las imágenes a una cadena de televisión. Por fin, cuando ya están a pocos kilómetros de Madrid, se acercan a Juan y Manolo y empiezan a contarles lo ocurrido, comenzando por la historia de Carmen de dos años atrás. Poco a poco se van juntando al grupo el resto de los compañeros, atraídos por la expectación que va causando la narración de los hechos. A Pablo se le ocurre una idea:

—Juan, ¿por qué no conectamos el ordenador portátil ahora mismo para ver la grabación? Se verá mejor que en la pantalla de la propia cámara.

—De acuerdo —responde Juan.

El programa informático está procesando la información y las imágenes aún no aparecen. Mientras tanto, el autocar llega a la ciudad y ya se encuentra en las proximidades del colegio.

Seguramente en la puerta están ya algunos padres esperando la llegada de los chicos. Por fin, aparecen las imágenes en la pantalla del portátil. Todos se quedan asombrados, mirando fijamente como una mano, muy lentamente y con gran cuidado, se introduce en el agujero del tronco de un árbol y sale al instante sosteniendo un huevo con los dedos. En el autocar se escucha un suspiro general de admiración. A Carmen se le escapa una lágrima. Y Pablo no puede contener la emoción:

—Chicos, ¡lo conseguimos! ¡Esto es un trabajo de profesionales!

# GLOSARIO

**abeto:** espécie de árvore própria de climas frios e altitudes elevadas

**abrigado(a):** agasalhado(a)

**abrigo:** casaco, agasalho

**acercar(se):** aproximar(-se)

**acordar** chegar a um acordo, combinar

**acordarse:** lembrar-se

**acostado(a):** deitado(a)

**además:** além disso

**aduana:** alfândega

**agotar:** esgotar; cansar

**agujero:** buraco

**aislado(a):** isolado(a)

**al fin y al cabo:** no final das contas

**¡al grano!:** direto ao assunto

**alejarse:** afastar-se

**aliento:** fôlego

**aliso:** espécie de árvore própria da beira dos rios

**alquilar:** alugar

**animales de compañía:** animais de estimação

**anoche:** a noite passada

**añadir:** acrescentar

**aparato:** aparelho

**aparcado(a):** estacionado(a)

**arce:** espécie de árvore própria da beira dos rios

**arrancar:** ligar

**arreglárselas:** virar-se

**asombrado(a):** surpreendido(a)

**aún:** ainda

**aunque:** mesmo que, embora

**auriculares:** fones de ouvido

**babosa:** lesma

**bajar:** descer

**¡basta!:** chega!

**bidón:** botijão

**blanquecino(a):** esbranquiçado(a)

**bolsillo:** bolso

**búho:** espécie de coruja

**burlarse:** zombar

**calcetín:** meia

**caminata:** passeio

**capicúa:** número que se lê da mesma forma da esquerda para a direita e vice-versa

**carne de gallina:** arrepio

**carretera:** estrada

**cencerro:** chocalho

**cerca:** perto

**cercano(a):** próximo(a)

**cinta:** fita

**cocido:** prato semelhante à feijoada, que leva grão-de-bico em vez de feijão

**coger:** pegar

**colgar:** pendurar

**constipado:** resfriado

**contestar:** responder

**croar:** o som que emite a rã

**crujir:** crepitar

**culpable:** culpado(a)

**curso:** ano letivo

**¡déjalo!:** deixa para lá!

**desagües:** esgotos

**desde luego:** evidentemente, claro

**documental:** documentário

**echar:** deitar, botar

**empezar:** começar

**en broma:** de brincadeira

**en cuanto:** assim que, logo que

**en directo:** ao vivo

**en serio:** sério

**enfadarse:** zangar-se

**enrollarse:** falar muito, enrolar

**entorno natural:** hábitat

**entumecido(a):** paralisado(a), adormecido(a)

**escena:** cena

**establo:** lugar na fazenda onde as vacas ficam concentradas para serem ordenhadas; estábulo

**estirar:** esticar, estender

**expoliador:** ladrão

**fijarse:** olhar, reparar, prestar atenção

**ganado:** gado

**garbanzo:** grão-de-bico

**gracioso(a):** engraçado(a)

**grasa:** gordura

**hacer caso:** prestar atenção

**hacia:** a, para

**hasta:** até, inclusive

**hecho:** fato

**helecho:** samambaia

**huella:** pegada

**hueso:** osso

**infrarrojos:** infravermelhos (raios)

**instituto:** colegial, liceu

**inversión:** investimento

**jaula:** gaiola

**jugar:** brincar

**lago:** lago

**lana:** lã

**largo(a):** comprido(a)

**lechuza:** espécie de coruja

**lejano(a):** longínquo(a)

**lejos:** longe

**listo(a):** pronto(a); esperto(a)

**mariposa:** borboleta

**mascota:** animal de estimação

**matorral:** conjunto de vegetação de pouca altura; arbusto

**mercancía:** mercadorias

**mientras:** enquanto

**mientras tanto:** enquanto isso, entretanto

**mirlo:** melro

**mueca:** careta

**nido:** ninho

**no tener ni idea:** não fazer ideia

**oficina:** escritório

**oler:** ter cheiro

**olor:** cheiro

**ordenador:** computador

**orilla:** beira, margem

**ornitológico(a):** relativo a pássaro

**pájaro carpintero:** pica-pau

**panel:** painel

**paquete:** pacote

**pero:** mas

**pez:** peixe (plural: **peces**)

**pincho:** trava (como de uma chuteira)
**pino:** pinheiro
**por cierto:** a propósito
**pradera:** pradaria, lugar plano coberto de vegetação rasteira
**prensa:** imprensa
**pueblo:** aldeia, povoado
**¡qué va!:** absolutamente!, nem pensar!
**quebrantahuesos:** espécie de ave de rapina própria dos Pirineus
**quedar (con alguien):** marcar um encontro
**quedar(se):** ficar
**quitar:** tirar
**rana:** rã
**rapaz:** de rapina
**rato:** momento
**reñir:** repreender
**roca:** rocha
**rollo:** chatice
**roto:** quebrado
**ruiseñor:** rouxinol
**sacar:** tirar

**sauce:** espécie de árvore própria da beira dos rios
**sin embargo:** porém, entretanto
**sino:** mas sim
**sobre:** aproximadamente (horas)
**sobrecogedor(a):** assombroso(a)
**sospechoso(a):** suspeito(a)
**tampoco:** também não
**tembloroso(a):** trêmulo(a)
**temprano:** cedo
**teñir:** tingir
**tienda:** loja; barraca (de acampar)
**tipo:** tipo; cara, sujeito
**tirar:** jogar
**todavía:** ainda
**todoterreno:** todo-terreno, *off-road*
**tráfico:** tráfego; tráfico
**trucha:** truta
**tumbarse:** deitar-se
**ulular:** som que emite a coruja
**vale:** está bem
**ventaja:** vantagem
**vertido:** vertedura
**zorro:** raposa

# ACTIVIDADES

## I. COMPRENSIÓN ESCRITA

### I.1. Elige la opción correcta en cada caso.

1. Hace dos años, Carmen y su hermano vieron a dos personas...
   a) echar al río el contenido de unos bidones rojos.
   b) echar comida envenenada para los peces.
   c) tirar al suelo desperdicios de comida y papeles.

2. ¿Qué aprendieron con los guardas del Parque Nacional?
   a) Que el tráfico ilegal de especies de animales es una actividad muy extendida por todo el mundo.
   b) Que ciertas especies de aves viven mejor dentro de una jaula.
   c) Que no importa destruir la naturaleza si tienes mucho dinero.

3. Carmen pregunta a Javier si sabe del expolio de nidos, y él dice:
   a) "Desde luego. Todos en el pueblo lo saben".
   b) "Oí hablar de ello. Pero no estoy seguro".
   c) "No lo sé. No tengo ni idea. No estoy seguro".

4. "Chicos, ¡esto es un trabajo de profesionales!", quiere decir:
   a) que los expoliadores son muy buenos en su profesión.
   b) que el portátil es tan bueno que es solo para profesionales.
   c) que las imágenes quedaron muy bien.

### I.2. Pon V (verdadero) o F (falso) según corresponda.

1. [   ] De noche Carmen cuenta una historia ocurrida el año pasado.
2. [   ] Carmen y su hermano se orientan en el bosque gracias al sol.
3. [   ] Robar huevos de aves es un delito grave contra la naturaleza.
4. [   ] A Javier le gusta vivir en el campo porque todo son ventajas.
5. [   ] Los chicos graban a los ladrones pero las imágenes no valen.

## II. REFLEXIÓN SOBRE LA LENGUA

### II.1. Escribe un sinónimo de las siguientes palabras:

1. bosque _____
2. ribera _____
3. hábitat _____

4. huella _____
5. lago _____
6. contaminante _____

### II.2. Escribe un antónimo de las siguientes palabras:

1. dormido _____
2. anochecer _____
3. apagar _____

4. cerca _____
5. mascota _____
6. subir _____

### II.3. Completa las frases con conectores de tiempo y contraste.

1. _____ intentaron orientarse con el sol no lo consiguieron.

2. _____ los chicos comían, Pablo grababa con su cámara.

3. Esperaban tardar menos, _____ cuando llegaron al campamento ya estaba atardeciendo.

4. Cuando regresaron, la luna _____ no había salido.

5. Algunos chicos se quejaron de que la caminata había sido demasiado dura. _____, a la mayoría les pareció bien.

### II.4. Elige en el cuadro verbos referidos a "vosotros" que completan de forma correcta y coherente las frases.

| | | |
|---|---|---|
| os quedáis | hablad | os enfadéis |
| escribidme | llegáis | pensad |

1. Vamos, no _____ con nosotros. Estuvimos contando historias de miedo.

2. _____ que la falta de agua es uno de los motivos de que haya hambre en el mundo.

**3.** _____ en voz baja. Pero ¿por qué _____ tan tarde?

**4.** ¿Qué pasa? ¿Por qué _____ todos mirando la matrícula?

**5.** _____ en cuanto lleguéis.

## III. EXPRESIÓN ESCRITA

### III.1. Desarrolla las siguientes propuestas en un máximo de 75 palabras:

**1.** Se dice que si hubiese agua en Marte podríamos vivir en ese planeta. ¿Te gustaría? ¿Por qué?

**2.** ¿Cómo podemos contribuir a la conservación de la naturaleza?

### III.2. Estuviste en un campamento. Escribe a un amigo contando:

¿Dónde estuviste? ¿Durante cuánto tiempo? ¿Dónde te alojaste? ¿Qué hiciste? ¿Qué pasó?

### III.3. Inventa un final diferente para la historia.

## IV. PARA MÁS INFORMACIÓN...

Entra en la página _web_ de SEO/BirdLife (www.seo.org), la organización española dedicada a la conservación de las aves y de la naturaleza. Busca información que te interese sobre medioambiente. Después se puede organizar en clase un debate.

© Ana Isabel Briones, 2006

Dirección: *Paul Berry*
Gerencia editorial: *Sandra Possas*
Coordinación de arte: *Christiane Borin*
Coordinación de revisión: *Estevam Vieira Ledo Jr.*
Coordinación gráfica: *André Monteiro da Silva, Maria de Lourdes Rodrigues*
Coordinación de producción industrial: *Wilson Troque*

Proyecto editorial: *Daisy Pereira Daniel*

Edición: *Daisy Pereira Daniel, Adriana Feitosa*
Corrección: *Letras e Ideias Assessoria em Textos Ltda.*
Revisión: *Mônica Rodrigues de Lima*
Diseño gráfico: *Ricardo Van Steen Comunicações e Propaganda Ltda./Oliver Fuchs
              (Adaptado por Christiane Borin)*
Ilustración: *Cris Eich*
Maquetación: *Cítara Editora*
Fotomecánica: *Cítara Editora*
Impresión: A.S. Pereira Gráfica e Editora EIRELI
          LOTE: 802660 - Código: 12048470

---

**Dados Internacionais de Catalogação na Publicação (CIP)
(Câmara Brasileira do Livro, SP, Brasil)**

Briones, Ana Isabel
 Naturaleza Amenazada: nivel 4 / Ana Isabel
Briones. — São Paulo: Moderna, 2005. —
(Lecturas Modernas)

 1. Literatura juvenil em espanhol
I. Título. II. Série

05-5694                                                CDD-028.5

**Índices para catálogo sistemático:**
1. Literatura juvenil em espanhol    028.5

**ISBN 85-16-04847-0**

Reprodução proibida. Art.184 do Código Penal e Lei 9.610 de 19 de fevereiro de 1998.

*Reservados todos los derechos.*

Quedan rigurosamente prohibidas, sin la autorización escrita de los titulares del «Copyright», bajo las sanciones establecidas en las leyes, la reproducción total o parcial de esta obra por cualquier medio o procedimiento, comprendidos la reprografía y el tratamiento informático, y la distribución de ejemplares de ella mediante alquiler o préstamo públicos.

**SANTILLANA ESPAÑOL**
SANTILLANA EDUCAÇÃO LTDA.
Rua Padre Adelino, 758, 3º andar – Belenzinho
São Paulo – SP – Brasil – CEP 03303-904
www.santillanaespanol.com.br
2025

Impresso no Brasil